SAMMIE ESPLORA IL SISTEMA SOLARE

Copyright © 2023 Samuel John

ZZZ

Sammie stava imparando a conoscere il sistema solare a scuola, ma era stanco di fissare le immagini nel suo libro di testo. Stava per addormentarsi...

ZZZZZzzzzzzzzzzzzzzzzzzzzzzzz!

Quindi, una volta tornato a casa, Sammie decise di costruire il suo razzo per esplorare i pianeti da solo. Grazie ad alcune scatole di cartone, molto nastro adesivo e un po' di vernice, fu pronto in un batter d'occhio!

Quando Sammie portò il suo razzo in giardino, una stella cadente sfrecciò nel cielo e il suo desiderio si avverò.

TRE! DUE! UNO! DECOLLO!

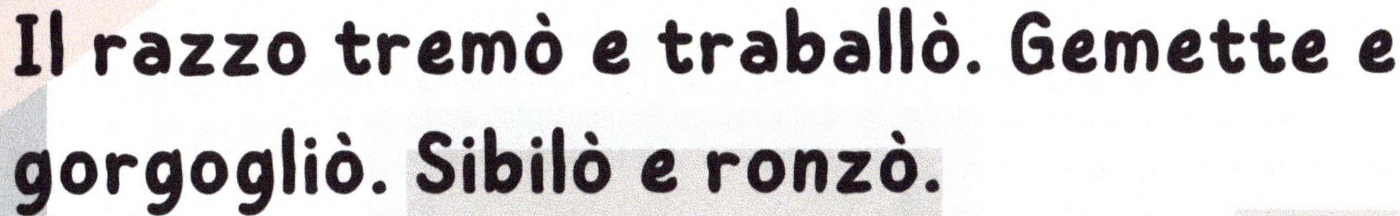

Il razzo tremò e traballò. Gemette e gorgogliò. Sibilò e ronzò.

E Poi ZUM! Schizzo dritto in aria.

Su e su e in alto salì Sammie andò, finché la sua casa fu solo un puntino sul terreno. In poco tempo, anche la Terra sembrò piccola!

Ma Sammie non riusciva ancora a concentrarsi sulla Terra. Doveva iniziare con il primo pianeta del sistema solare: Mercurio.

Sapevi che Mercurio è anche il pianeta più veloce del sistema solare? Orbita attorno al Sole in soli 88 giorni.

Poi arriva **Venere**, il pianeta più caldo degli otto. Faceva così caldo che Sammie riuscì ad arrostire un marshmallow dal suo razzo!

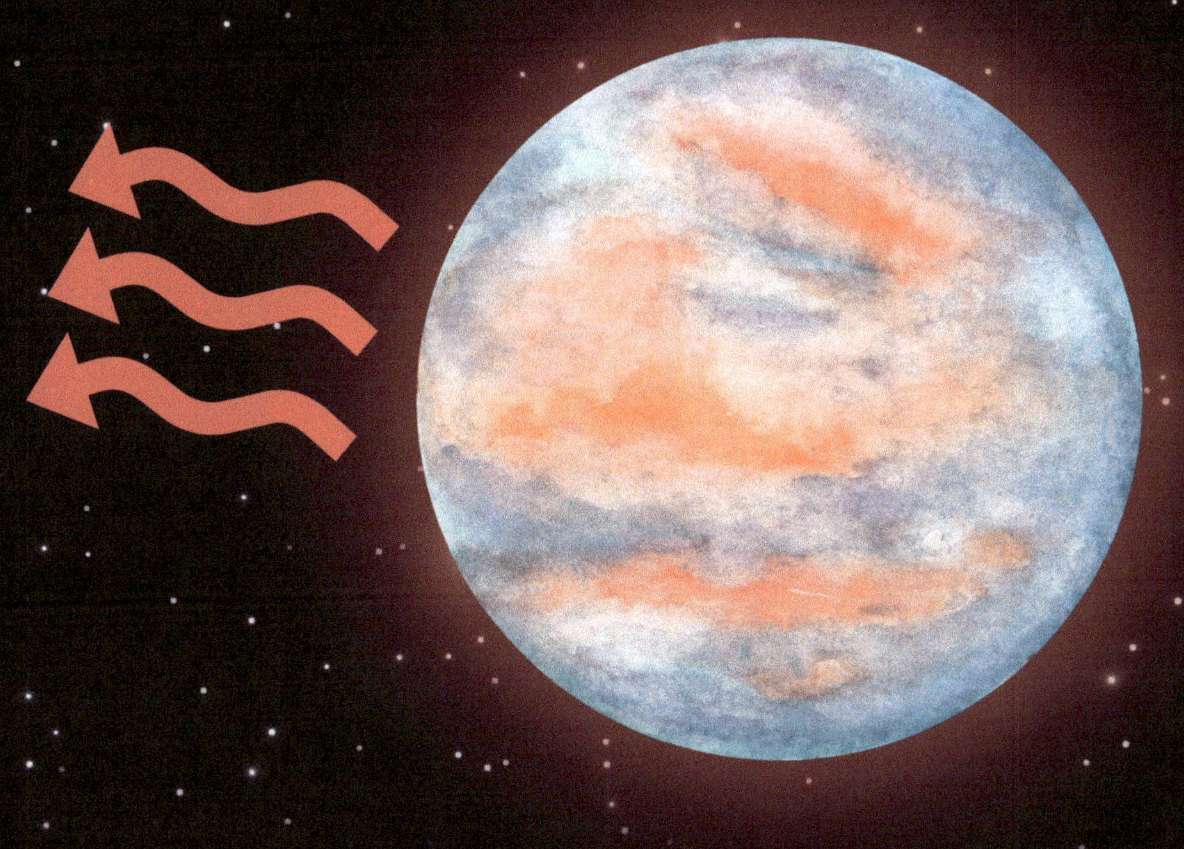

Venere impiega 225 giorni per compiere un giro intorno al Sole.

Ora era giunto il momento di sorvolare di nuovo la Terra. Il nostro pianeta è l'unico nel sistema solare che ospita la vita... a meno che Sammie non incontri degli alieni durante la sua avventura.

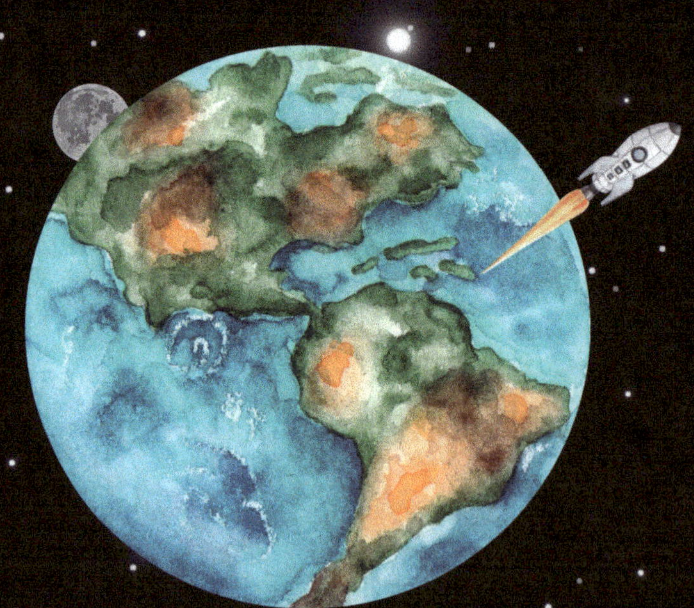

La Terra gira intorno al Sole in 365 giorni, motivo per cui ci sono 365 giorni in un anno.

Il quarto pianeta del sistema solare si chiama **Marte**. Il suo soprannome è anche **Pianeta Rosso** per via del colore della superficie

Ha due lune chiamate Phobos e Deimos.
Marte impiega 687 giorni per orbitare
attorno al Sole.

Il successivo è Giove, il pianeta più grande del sistema solare. Giove è in realtà grande più del doppio di tutti gli altri sette pianeti messi insieme! È costituito da gas anziché da una superficie dura come la Terra.

Giove ha bisogno di ben 4.333 giorni per girare completamente intorno al Sole.

Saturno è il sesto pianeta del sistema solare. È famoso per gli anelli che possiamo vedere intorno al centro. Sembra Sammie quando prova ai usare l'hula hoop!

Saturno impiega 10.759 giorni per orbitare attorno al Sole!

Il prossimo pianeta si chiama **Urano**.
Gli scienziati affermano che Urano è
un gigante di ghiaccio, quindi Sammie
si assicurò di indossare i guanti e una
sciarpa prima di visitarlo.

Sapevi che Urano ha 27 lune diverse e impiega 30.687 giorni per girare intorno al Sole?

Ultimo, ma non meno importante, abbiamo **Nettuno**. Questo è il pianeta più lontano dal sole. Prende il nome dal dio romano del mare.

Ci sono sempre forti venti e tempeste su Nettuno, ma è anche il pianeta più lento del sistema solare. Gli occorrono 60.190 giorni per orbitare attorno al Sole!

Era finalmente giunto il momento che Sammie riportasse a casa il suo razzo
Fino alla prossima avventura...

Venere
Marte
Mercurio
Terra

Saturno
Nettuno
Giove
Urano

C'era un nono pianeta nel sistema solare di nome **Plutone**. Ma gli scienziati hanno deciso che non aveva le caratteristiche necessarie per chiamarlo pianeta, quindi ora lo chiamano **pianeta nano**.

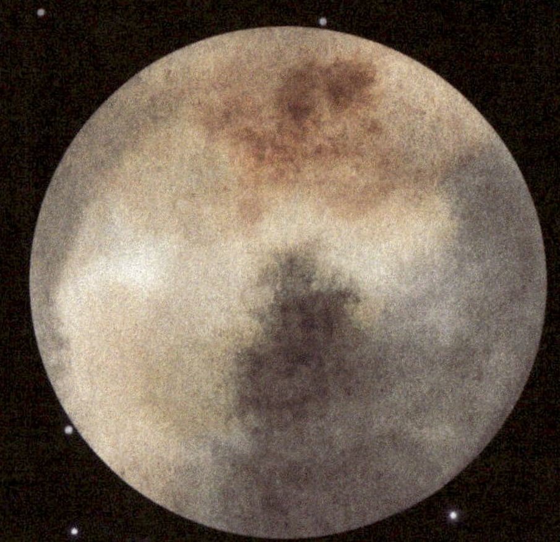

Siamo arrivati alla fine. Spero che ti sia piaciuto e che tu abbia imparato cose nuove.

Voglio chiederti un favore affinché questo libro raggiunga più persone, e cioè che tu lo valuti con un parere sincero sulla piattaforma dove lo hai acquistato.

Con quel piccolo gesto mi aiuterai a portare avanti nuovi progetti.

Non vedo l'ora di iniziare a creare il mio prossimo libro per te!

A presto!

IMPARA CON I NOSTRI
LIBRI EDUCATIVI PER BAMBINI

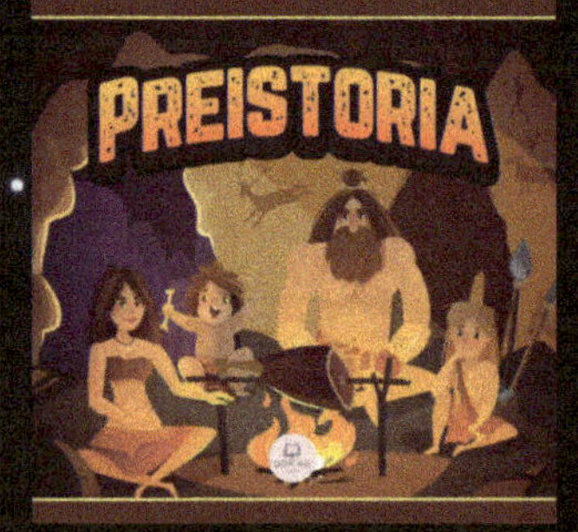

SCAN ME

www.amazon.it/dp/B09WJ4C4BQ

contacto@samueljohnbooks.com